No siempre la música amansa a la fieras...

JEAN-PIERRE MARTINEZ

No siempre la música amansa a la fieras...

La Comédiathèque
comediatheque.net

PERSONAJES

Juan Trompeta
María Trompeta
Samantha Trompeta
Edmundo Altibajos de la Plata
Victoria Altibajos de la Plata
Gonzalo Altibajos de la Plata
Gregory Badmington
Conchita Badmington
Renata Kowalski
Fatima
José
Bandoleón
Truffaldino
César
Rosalía
Ramirez
Sanchez

De 14 a 17 actores
Renata, Bandoleón y Truffaldino pueden ser interpretados
por actores que tengan otro papel. Fatima, Bandoleón,
Ramirez y Sanchez pueden ser interpretados por hombres
o mujeres.

© La Comédiathèque
ISBN 978-2-38602-212-8

Patio de un castillo en ruinas. Juan y María Trompeta, elegancia falsamente relajada pero verdaderamente vulgar, están sentados en un banco, mirando al vacío. Se escuchan las campanadas de las siete en el campanario de una iglesia.

María – Son las siete.

Juan – Sí... Tal vez...

María – ¿No lo oíste?

Juan – Oí las campanas. Pero ¿cómo estar absolutamente seguro de que son absolutamente las siete?

María – ¿Pero si sonaron siete veces en el campanario de la iglesia de Castelardón?

Juan – Eso no prueba nada.

María – ¿Cómo que no prueba nada?

Juan – Puede ser un error.

María – ¿Cómo podría equivocarse la iglesia a este respecto?

Juan – La iglesia ya se ha equivocado mucho...

María – En cualquier caso, ¡nunca se ha equivocado en la hora actual! El campanario siempre será para las almas en duda lo que el faro es para los marineros en la tormenta...

Juan – Si tú lo dices...

María – Para un buen cristiano, la hora es la hora. Y cuando suenan siete campanadas en el campanario de Castelardón, es porque son las siete.

Juan – Eso es lo que se llama la fe del charcutero.

María – Del carbonero, quieres decir.

Juan – Deformación profesional.

María – La verdadera fe cristiana no es estar seguro de que las campanas suenen a la hora correcta. Es creer que la hora correcta es cuando suenan las campanas.

Juan – De todos modos, voy a verificar en mi móvil último modelo.

Mira la pantalla de su teléfono.

María – Y además conocemos al cura, después de todo.

Juan – Sí... Justamente...

María – Es cierto que hay muchos rumores sobre él...

Juan guarda su teléfono móvil.

Juan – En cualquier caso, son las siete.

María – Y ninguno de nuestros invitados ha llegado aún... ¿Crees que vendrán?

Juan – ¿A qué hora pusimos en las tarjetas de invitación?

María – A las siete.

Juan – Nadie llega a las siete para una invitación a las siete.

María – ¿No?

Juan – En la alta sociedad, eso no se hace. Además, no estoy seguro de que sea apropiado invitar a la gente a las siete...

María – ¿Crees?

Juan – Llegarán alrededor de las siete y media.

María – Es un aperitivo, después de todo. No van a llegar a las once de la noche.

Juan – ¿Y por qué no les hemos invitado a cenar?

María – Un aperitivo suena menos aterrador que una cena. Nuestros invitados son personas de calidad. Tienen una idea muy particular de lo que significa pasar una buena noche.

Juan – Tienes razón. Al ver aperitivo en la tarjeta de invitación, pensarán – si es aburrido hasta morir, no estaremos obligados a quedarnos...

María – A esta gente no basta con servirles un vaso de sangría y asar unas salchichas en la barbacoa para que nos digan al irse – hemos tenido una buena noche.

Juan – Y además, no podemos pretender organizar una cena en la ciudad. No somos miembros del Club Filantrópico de Castelardón.

María – Todavía no, lamentablemente. Y ese es todo el objetivo de esta noche – encontrar un padrino que nos admita en esa prestigiosa institución Castelardonesa.

Juan – ¿Castelardonesa, crees?

María – ¿Cómo se llaman a los habitantes de Castelardón?

Juan – No los lardones, por supuesto...

María – Tampoco los Casteladrones, supongo.

Juan – De todas formas, si hubiéramos puesto "cena" en la tarjeta de invitación, nadie habría venido.

María – Es obvio.

Juan – Todavía no estamos calificados para cenas en la ciudad...

María – De hecho, solo pusimos "Aperitivo" y nadie está aquí...

Juan toma una tarjeta y la mira.

Juan – Ah, creo que hay un pequeño error tipográfico. En lugar de "Aperitivo", dice "Operativo". Mira...

María – Ah sí, tienes razón... De todos modos, es casi lo mismo. En Operativo se oye "ópera". Y ya que además del catering, les pagamos a un pianista.

Juan – En eso no escatimamos. Hicimos las cosas bien.

María – Y además, los recibimos en nuestro castillo.

Juan – Es verdad. ¿Te das cuenta? Somos ahora los felices propietarios del castillo de Castelardón.

María – Aún hay un poco de trabajo para hacerlo habitable, pero bueno. Es verdad, después de todo. Los Señores del Castillo somos nosotros.

Llega Samantha, su hija, con un aspecto punk o gótico.

Juan – Y aquí está nuestra princesa...

María – En fin, Samantha, podrías haber hecho un esfuerzo con tu apariencia para nuestros invitados... Parece que acabas de salir de una película de zombies.

Samantha – ¿Cuándo comemos?

Juan – Justo después del aperitivo.

María – Y después del concierto.

Samantha – ¿El concierto? Supongo que no es rap. ¿Qué es, un grupo de jazz?

María – Es un tenor de primera categoría, que vino especialmente de Madrid en tren de alta velocidad.

Juan – Nos costó un ojo de la cara.

María – Cantará algunas grandes arias de ópera acompañándose al piano.

Samantha – Ah sí... Entonces, no vamos a comer pronto, ¿verdad?

Juan – Se trata de ser admitidos en la buena sociedad de Castelardón, Samantha.

María – Al convertirnos en miembros benéficos del Club Filantrópico de Castelardón.

Juan – El piano y la ópera son muy apropiados para lanzarnos al mundo, cariño.

María – ¿Y por qué no aprovechar para encontrar un esposo de buena familia?

Samantha – Un esposo... Siento que estoy actuando en una obra de teatro de bulevar de finales del siglo XIX.

Juan – Y sin embargo, esta es del principio del siglo XXI.

María – Al menos tú siempre puedes esperar cambiar de nombre al casarte...

Samantha – Trompeta... Es cierto que un apellido así hace que te den ganas de casarte con el primero que aparece.

María – Nunca logré acostumbrarme a la idea de llamarme Señora Trompeta.

Juan – ¿Qué quieres, María? Ese era el nombre de mis padres, y antes que ellos, de mis abuelos, y antes que ellos...

María – Y no te lo reprocho, Juan. Pero es un hecho que no se invita a gente llamada Juan y María Trompeta al mundo. A menos que sean realmente muy ricos.

Juan – O que den recitales de ópera.

Samantha – ¡Pero nosotros somos ricos! ¡Incluso tenemos un castillo!

María – Sí... Un castillo en ruinas...

Juan – ¡Pero un castillo clasificado!

María – Además de tener un nombre difícil de llevar, tu padre heredó de sus padres una fábrica de salchichas. Pero Juan Trompeta no es precisamente Bill Gates. No podemos permitirnos tirar el dinero por la ventana.

Samantha – Si al menos tuviéramos ventanas...

Juan – Todo esto cuesta una fortuna, cariño... Y no vamos a poner ventanas de PVC en la fachada de un castillo donde, según dicen, el rey Felipe IV pasó una noche.

María – ¡En nuestra propia habitación, te das cuenta, Samantha? ¡Felipe IV!

Samantha – Ah sí, por cierto, quería decirles – en mi habitación llueve. Afortunadamente tengo una cama con dosel... Pero si esto continúa, necesitaré una tienda de campaña.

Juan – De acuerdo. Llamaré al tejero tan pronto como hayamos pagado al catering.

María – Y al caché de este músico carísimo.

Samantha – ¿Cómo se llama ese virtuoso?

Juan – Federico Bandoleón.

Samantha – Bandoleón ¿y toca el piano?

María – Tu padre se llama Trompeta y vende salchichas.

Juan – Y estas salchichas nos hicieron ricos.

María – Por cierto, querida, hemos invitado al señor y la señora Altibajos de la Plata. Y creo que vendrán con su hijo Gonzalo...

Samantha – ¿Gonzalo? ¿Y qué...?

Juan – Está estudiando medicina en Madrid, pero está de vacaciones con sus padres en este momento.

Samantha – ¿Medicina...?

Juan – Quiere ser médico forense.

Samantha – ¿Y eso es lo que llamáis un buen partido? Vamos, me largo...

María – Y por favor, cariño, vístete un poco más elegante para recibir a nuestros invitados.

Samantha – Está bien. Me llamarán cuando estén aquí. A ver si la pava está a su gusto...

Samantha se va.

Juan – ¿Has planeado un pavo?

María – No...

Juan – Me pregunto si no había un mensaje subliminal...

María – Te das cuenta de que al casarse con Gonzalo, nuestra hija se convertiría en la Señora Altibajos de la Plata? Tal vez algún día incluso llegue a ser baronesa...

Juan – Sí... Pero me pregunto si hicimos bien en llamarla Samantha...

María – ¿Por qué?

Juan – No sé... Señora Baronesa Samantha de Altibajos de la Plata...

María – A mí me gustaba más Jennifer.

Juan – En todo caso, este concierto dará a los Trompeta el toque cultural que les falta para ser aceptados en la buena sociedad de Castelardón.

María – El problema con la música clásica es que no es barata.

Juan – Espero que al menos este tipo cante afinado y toque bien el piano.

María – Nos han garantizado que es un virtuoso, ¿no?

Juan – Tenemos que creerles... Porque yo, la verdad, no sé nada de música clásica...

María – Hoy en día, la mayoría de los nobles están arruinados... Se ven obligados a vender sus castillos para no verse reducidos a trabajar.

Juan – Al menos nos permitió comprar el nuestro no muy caro.

María – Desafortunadamente, Juan, hay que reconocer que no tenemos la apariencia ni las maneras de verdaderos señores de castillo.

Juan – Es cierto, María. Hay que ser realistas. Los Trompeta aún no tienen todas las cualidades necesarias para brillar en sociedad. Así que si queremos convencer a alguien de patrocinar nuestra candidatura para el Club...

María – Y encontrar para nuestra Samantha un esposo con mocasines con borlas y un título nobiliario...

Juan – Tendremos que entretener a toda esta gente para esperar que se queden más allá del aperitivo.

María – Afortunadamente, encontré la solución.

Juan – ¿Ah sí?

María – Invité a Truffaldino.

Juan – ¿Truffaldino?

María – Ya sabes, ese pintor del que nos hablaron los Don Periñón.

Juan – ¿Don Periñón?

María – Don Periñón. Vive en esa villa de estilo greco-romano a la salida de la ciudad.

Juan – No veo...

María – Pero sí, ya sabes bien. Es Truffaldino quien les pintó ese trampantojo en el fondo de su piscina.

Juan – Ah sí, lo veo ahora... Una reproducción del techo de la Capilla Sixtina...

María – Exacto. Bueno, parece que este Truffaldino es muy divertido.

Juan – Ah sí, parece...

María – Es una persona muy inteligente y de una inmensa cultura. Al menos según Don Periñón.

Juan – Espero que al menos cobre menos que el pianista.

María – Ah no, pero él lo hace gratis. En mi opinión, ni siquiera sabe que la gente lo invita solo para animar sus veladas mundanas. Tuvimos suerte de que estuviera libre, porque está muy solicitado. Hay tantas cenas en la ciudad.

Juan – Ya veo. En resumen, estas cenas de Castelardón son lo opuesto a la cena de los idiotas.

María – ¿Cómo?

Juan – Invitamos a este Truffaldino porque tiene ingenio. Y somos nosotros los tontos...

María – Sabes, este tipo fue asistente de Dalí.

Juan – ¿No? ¿El que tenía esas grandes bigotes y hacía publicidad para el chocolate?

María – Incluso dicen que Truffaldino pintó la mayoría de los cuadros del Maestro. El viejo Dalí solo firmaba.

Juan – ¿No?

María – Según la señora Don Periñón, en los cuadros de Dalí, solo la firma es verdadera.

Fatima llega, como maître d'hôtel. Gran vestimenta, postura perfecta y aire ceremonial, pero de manera ambigua (el personaje puede ser interpretado por un hombre o una mujer).

María – Ah, Fatima. Entonces, ¿nuestros primeros invitados han llegado?

Fatima – No, señora. Pero el Señor Bandoleón llamó. Dice que estará un poco retrasado...

Juan – Muy bien, Fatima. ¿Dijo por qué?

Fatima – Su tren de alta velocidad tuvo un incidente de viajero al salir de la Estación de Atocha en Madrid.

María – Un incidente de viajero... Veo... Es lo que dicen cuando un candidato al suicidio es cortado por la mitad por una locomotora...

Juan – Joder... No podía suicidarse en otro día, ese imbécil...

Fatima – Ah, el Señor Bandoleón también hace saber al Señor y la Señora que no podrá quedarse mucho tiempo.

María – ¿Y por qué eso?

Fatima – Porque lo esperan también en la casa de la Señora Kowalski.

María – Pero Fatima, ¿qué haría el Señor Bandoleón en casa de los Kowalski?

Fatima – ¿La señora no está al tanto? Los Kowalski también dan un aperitivo musical hoy. La Señora Kowalski, de hecho, me preguntó si yo podía hacer un extra en su casa esta noche...

María – ¿Esta noche?

Juan – La zorra...

Fatima – Incluso propuso duplicar mi salario por la noche.

María – Y rechazaste dejarte corromper, Fatima. ¡Bravo! Siempre estaremos agradecidos. ¿No es así, Juan?

Juan – Dado lo que ya nos cuesta esta fiesta, no puedo darte un bono, pero... (*Busca en sus bolsillos.*) Toma. Compré un boleto de lotería esta mañana. (*Le entrega el boleto*). Es para ti. Incluso si es un boleto ganador. La suerte favorece a los valientes, Fatima...

María – ¡Y el cien por ciento de los ganadores ha intentado su suerte!

Fatima (*tomando el boleto*) – Gracias, señor.

María – Puedes irte, Fatima.

Fatima – Muy bien, señora.

Fatima sale.

Juan – Todavía no entiendo por qué esta criada se viste como un hombre.

María – Porque la contratamos como maître d'hôtel, Juan.

Juan – Kowalski... Me suena...

María – Fueron ellos quienes compraron el otro castillo de Castelardón...

Juan – Cierto. Kowalski... ¿También tienen una hija para casar?

María – Un hijo... Pero es mucho más grave que eso...

Juan – ¿Más grave?

María – Creo que los Kowalski también buscan un padrino para el Club Filantrópico de Castelardón.

Juan – ¿No? ¡Pero es imposible! ¡Los Kowalski! ¿Con semejante apellido?

María – Te recuerdo que el nuestro es Trompeta...

Juan – Por lo menos es un apellido español.

María – Sea lo que sea, solo hay un lugar vacante para acoger un nuevo miembro en el Club.

Juan – ¿Crees que los Kowalski podrían tener la idea de quitárnoslo?

María – No me sorprendería de esa gente... ¡Solo les interesa el dinero! Si quieren formar parte del Club, es para obtener del alcalde la autorización para convertir su castillo clasificado en un hotel de 4 estrellas y hacer del parque un campo de golf de 18 hoyos.

Juan – ¿No? ¿El alcalde forma parte del Club?

María – ¡Él es el presidente!

Juan – ¿Lo invitaste también, espero?

María – ¡Por supuesto! ¡De hecho, organizamos este concierto en su honor primero!

Juan – Sí, parece que le gusta mucho la música.

María – La zorra... ¿Crees que después de intentar robarnos a la criada, los Kowalski se atreverían a sobornar al mismo virtuoso que nosotros?

Juan – Bandoleón... Ese bastardo probablemente espera hacer dos bolos en la misma noche.

María – Kowalski... ¿Cómo confiar en esa gente? Es una pesadilla...

Juan – ¿Y si los Kowalski hubieran tenido el descaro de invitar también a los Altibajos de la Plata?

Juan – Bueno, ves, eso no me sorprendería más que eso. Además, entre nosotros, parece que los Altibajos de la Plata están completamente arruinados. Comen en todas las bodas...

Fatima vuelve.

Fatima – El Señor Truffaldino acaba de llegar, señor. ¿Qué hago con él?

María – ¡Hágalo entrar!

Fatima sale.

Juan – Al menos, Truffaldino está aquí. Nos reiremos un poco.

Truffaldino llega, disfrazado de bufón.

Truffaldino – Señor Trompeta. Señora, mis respetos...

Juan – Buenos días, Truffaldino... Su reputación lo precede, nos han hablado muy bien de usted...

Truffaldino – Me gustaría asegurarle lo mismo, pero lamentablemente nunca he oído hablar de usted, señor Trompeta.

Juan – Fabrico salchichas sin marca para la gran distribución.

Truffaldino – Por eso debe ser que desconozco su nombre... De hecho, me sorprendió mucho recibir su invitación, y se lo agradezco. Me conmovió mucho.

Juan – Pero por supuesto, Truffaldino. ¡Y llámeme Juan, por favor!

Truffaldino – Buenas noches, señora Trompeta.

María – Si me permite, prefiero que también me llame María.

Juan (*considerando la vestimenta de Truffaldino*) – Dígame, querido amigo... Es cierto que lo invitamos para entretener a nuestros invitados mientras esperamos el concierto, pero ¿está seguro de que no se sobrepasó un poco?

Truffaldino – ¿Es un aperitivo-concierto? Pensé que era una noche de disfraces...

María – ¿Una noche de disfraces?

Truffaldino – Como en la tarjeta decía "Operativo"...

María – Así que vino como bufón.

Juan – Es gracioso...

María – Es solo un malentendido, pero no importa.

Truffaldino – De todos modos, es amable de su parte haberme invitado. Estoy tan deprimido en este momento. Con lo que me está pasando...

Juan – ¿Lo que le está pasando? ¿Y qué le está pasando, amigo mío?

Truffaldino – Mi esposa acaba de dejarme.

María – ¡Ah, ah, ah, muy divertido!

Juan – Es impagable, ¿verdad? (*Al ver por la expresión de Truffaldino que no está bromeando*) ¿En serio?

Truffaldino – Sabía que terminaría así tarde o temprano, pero bueno... Todavía esperaba un milagro... Estábamos a punto de celebrar nuestro aniversario de bodas, ¿se dan cuenta?

Juan (*en voz baja a María*) – ¿Estás segura de que es el Truffaldino correcto?

María – Lo primero que se te ocurriría si alguien te hablara de un Truffaldino que vive en Castelardón es preguntarte si podría haber dos, ¿verdad?

Juan – Intentaré informarme discretamente... Y la pintura, amigo mío, ¿cómo va en estos momentos? Porque si es como la salchicha...

Truffaldino – ¿La pintura? Oh sí, tiene razón. Podría volver a pintar mi casa. Eso me cambiaría las ideas. ¿Conoces a un buen pintor?

Juan – Entonces, usted no es pintor.

Truffaldino – ¿Pintor? Qué idea tan extraña. No... Soy contador.

María – ¡Oh no... Juan... Un contador... La noche está arruinada... ¿Qué hay de más deprimente que un contador?

Juan – No lo sé... ¿Un informático o un dentista?

Fatima vuelve.

Fatima – Los primeros invitados de los señores acaban de llegar.

Juan – ¿Los primeros invitados? ¿Quiénes son?

Fatima – No pregunté... ¿Debía hacerlo?

María – Preséntelos, Fatima, preséntelos. Es una catástrofe...

Llegan Edmundo y Victoria de Altibajos de la Plata, precedidos por Fatima que los anuncia con pompa.

Fatima – El señor Barón Altibajos de la Plata y la señora Baronesa.

Juan – Al menos, estos no están en casa de los Kowalski... Pero entren, por favor.

Victoria – Nos hemos permitido venir con nuestro hijo, Gonzalo.

Juan – Ah sí, Gonzalo, muy bien.

María – ¿Pero qué hicieron con él?

Victoria – Está estacionando el Bentley. Ya saben cómo son esos autos, muy cómodos, pero muy difícil de aparcar...

Edmundo – Y desafortunadamente, ya no tenemos los medios para permitirnos un verdadero chofer con una gorra.

Victoria – Un tipo que se aburriría durante toda la noche esperándonos en el automóvil en el estacionamiento mientras nos empachamos con sus bocadillos.

María – Sí, es la crisis para todos.

Victoria – Para nosotros, la crisis comenzó en 1789 con la Revolución Francesa... cuando guillotinaron a Luis XVI, quien era uno de nuestros antepasados en línea directa.

Edmundo – El comienzo del fin de los privilegios para la nobleza en Francia...

Victoria – Y en toda Europa...

María – De todos modos, hicieron bien en traer a su hijo. Nuestra hija Samantha estará encantada de conocerlo...

Edmundo – Tiene un hermoso castillo, Señor Trompeta. Un castillo que me resulta muy familiar. A falta de quedarse en la familia...

Juan – Sí, ese montón de escombros me costó un huevo, pero creo que hice un buen trato.

María – Pero no sabíamos que...

Victoria – Lamentablemente, ahora solo lo poseemos en pintura...

Edmundo – ¿No les dijeron que había pertenecido a mis antepasados?

Juan – Pues no, lo ignoraba...

María – En ese caso, depende de usted reintegrarlo al patrimonio de su familia...

Victoria – Vaya, vaya...

María – Después de todo, tenemos hijos de la misma edad y de sexos diferentes...

Juan – ¡Y además somos vecinos!

Edmundo – Eso sólo demuestra que se puede ser vecinos y no ser del mismo mundo...

Victoria nota a Truffaldino.

Victoria – Pero no nos han presentado al Señor....

Juan – Ah sí, es verdad, casi lo olvidaba...

María (*en voz baja a Juan*) – ¿Cómo deshacernos de este tonto y hacer venir al verdadero Truffaldino?

Juan – ¿El verdadero?

María – ¡El que es divertido!

Juan – Les presento a... Truffaldino... Es contador...

Truffaldino – Buenas tardes, Señor Barón. Señora Baronesa.

Edmundo – Parece que está al borde del suicidio, amigo. ¿Simple deformación profesional o es que se aburre ya tanto con los Trompeta? Si es así, no vamos a quedarnos mucho tiempo.

Victoria – Mi esposo está bromeando, por supuesto...

Edmundo – Entonces, amigo mío, ¿qué puede volver tan depresivo a un contador? ¿Su calculadora se ha estropeado, es eso?

Truffaldino – Mi esposa acaba de dejarme.

Victoria – Ah sí...

María – Es una catástrofe...

Juan – ¿Les muestro el castillo?

Edmundo – Sí, me complacería verlo nuevamente... ¿Sabían que el General Franco durmió una noche allí en 1938?

Juan – Vaya, ¿me habían dicho Felipe IV...?

Victoria – Felipe IV, Francisco Franco... Ya saben... Se cuentan tantas tonterías cuando se trata de vender un castillo en ruinas.

Edmundo – En todo caso, si fue el agente inmobiliario quien les habló de Felipe IV, los engañaron, amigo mío.

Juan – Por aquí, por favor...

María – ¿Me disculpa? Todavía tengo algunos preparativos que terminar...

Juan – Claro que sí. Solo es un aperitivo, no una cena, pero bueno...

María – Una cena... No nos lo permitiríamos.

Juan – Todavía no.

Juan se va con Edmundo, Victoria y Truffaldino. María saca su teléfono y marca un número.

María – ¿Señora Don Periñón? Sí, soy María... Sí, la Señora Trompeta... La llamo sobre este Truffaldino, que nos recomendó. El suyo era pintor, no contador, ¿verdad? Ya veo, qué terrible error...

Elle sale con su teléfono móvil. Fatima vuelve acompañada de Gonzalo, con un aspecto de polo Lacoste, pantalón de pliegues y mocasines con borlas.

Fatima – Lo siento mucho, estimado señor, la señora Trompeta estaba aquí hace un momento...

Gonzalo – La esperaré.

Fatima – Muy bien. Voy a informar a los señores...

Fatima se va. Suena el teléfono móvil de Gonzalo.

Gonzalo – Sí... Sí, señora Kowalski... No, es decir... Escuche, actualmente estamos en casa de los Trompeta y... Sí, por supuesto, le agradecemos por su invitación, pero... Muy bien, intentaremos pasar por su casa después del concierto... ¿Cómo que no está al tanto? El señor Bandoleón ofrece un recital esta noche en casa de los Trompeta... Ah, ¿en su casa es un digestivo musical? Bueno, está bien... Sí, eso es, hasta luego...

Guarda su teléfono móvil. Llega Samantha. Ha cambiado su atuendo gótico por uno más sexy, casi vulgar. Samantha se sorprende al encontrarse cara a cara con Gonzalo.

Samantha – Ah... Perdón... Estaba buscando a mis padres...

Gonzalo – Gonzalo Altibajos de la Plata. Pero si prefiere, puede llamarme Gonza...

Samantha – Samantha Trompeta. Pero si prefiere, puede silbarme...

El otro se siente un poco desconcertado.

Gonzalo – Me disculpo, yo... El código de vestimenta no estaba indicado en su tarjeta de invitación.

Samantha – Ah... No se lo dijeron... Lo siento, no es una fiesta temática...

Gonzalo – Pero yo...

Samantha – De acuerdo, acabo de cometer un error... Entonces, no está disfrazado... Pensé que se había disfrazado de jugador de minigolf o algo así.

Gonzalo – No hay que culparme demasiado, ¿sabe...? Nací así...

Samantha – Lo entiendo... Una larga línea suele ser sinónimo de una herencia pesada.

Gonzalo – ¿Y usted misma? ¿Tampoco le avisaron?

Samantha – ¿De qué, querido?

Gonzalo – Que esto no es una fiesta temática.

Samantha – Bueno, no... Me había disfrazado de... una prostituta, pero si prefiere, iré a cambiarme...

Gonzalo – No, no, le queda muy bien... Quiero decir...

Los Trompeta y los Altibajos de la Plata regresan.

María – Ah, muy bien. Entonces ya se han conocido...

Samantha – Hola. Sí, su hijo es muy caballeroso. Estaba elogiando mi atuendo...

Edmundo – Buenos días, señorita. Mi hijo tiene toda la razón. ¡Qué atuendo tan encantador!

Victoria – Sí. Es de muy buen gusto, realmente.

Edmundo – Y ¿a qué se dedica esta joven, señorita?

Victoria – ¿Va a retomar la fábrica de salchichas de papá?

Samantha – Quiero ser modelo.

Edmundo – Ah sí... Modelo... Eso está bien...

Victoria – Y... ¿Supongo que no se necesita estudiar para llegar a ser modelo?

Samantha – Pues no... Igual que para ser psicoanalista o prostituta. Se aprende practicando...

Edmundo – Ya veo...

María – Los dejo por un momento, voy a ver qué está haciendo la criada con los aperitivos...

Samantha – Voy a ayudarte... (*En privado a su madre*) Cualquier cosa antes que quedarme un momento más con estos degenerados.

María y Samantha salen.

Edmundo – Entonces, Señor Trompeta, ¿así que trabaja en el mundo del espectáculo?

Juan – Eh, no... En las salchichas...

Edmundo – De acuerdo...

Juan – ¿Y usted mismo, señor barón?

Edmundo – Podríamos decir que... estoy en bienes raíces.

Juan – ¿Tiene una agencia inmobiliaria en la ciudad?

Edmundo – En realidad, solo vendo mis propiedades y otras joyas familiares... Desafortunadamente, pronto nos quedaremos sin existencias...

Juan – Les dejo por un momento... Como saben, estamos esperando a un virtuoso... No sé qué estará haciendo...

Victoria – Pero por supuesto.

Juan sale.

Victoria – Te lo dije. Son cómicos, ¿verdad?

Edmundo – Un vendedor de salchichas... Lo único que faltaba... ¿Son ricos, al menos?

Victoria – No tanto, según parece.

Gonzalo – Aun así, tuvieron los medios para comprar el castillo de nuestros ancestros.

Victoria – Pero no para restaurarlo...

Edmundo – ¿Crees que aún podemos esperar sacarle algo de dinero a ese tonto que vende salchichas?

Victoria – ¿Piensas proponerle invertir en tu negocio de aerogeneradores?

Edmundo – El viento es todo lo que nos queda para vender. Aparte de nuestro nombre, por supuesto. En la persona de nuestro querido hijo...

Gonzalo – Gracias por mí...

Edmundo – Bueno, hagamos una traslación hacia el bufé... ¿No tienen hambre?

Victoria – Afortunadamente, aún quedan bufés, de lo contrario, los Altibajos de la Plata ya estarían muertos de inanición desde hace mucho...

Truffaldino regresa.

Truffaldino – ¿Les dije por qué mi esposa me dejó?

Edmundo – La verdad, no, amigo mío, pero sería bastante divertido que nos lo contaras.

Truffaldino – Mi esposa sufre de ninfomelomanía.

Victoria – ¡Vaya! Es la primera vez que oigo hablar de esa enfermedad. ¿Es grave?

Truffaldino – Sobre todo, es muy embarazoso para los allegados...

Gonzalo – ¿Y cuáles son los síntomas, si me permite preguntar?

Truffaldino – Bueno, cuando va a un concierto, y desafortunadamente no puede evitar ir todas las semanas, a mi esposa le da un deseo incontrolable.

Victoria – ¿Un deseo?

Truffaldino – Sobre todo cuando el concierto es bueno, evidentemente.

Gonzalo – Pero quieres decir un deseo de...

Truffaldino – De acostarse con los músicos, sí. Especialmente con los virtuosos, por supuesto.

Victoria – ¿Una melómana a la que la música clásica vuelve ninfómana?

Truffaldino – De ahí el nombre de esta extraña afección.

Edmundo – La ninfomelomanía...

Victoria – ¿Y consultaron? Quiero decir, por su esposa...

Truffaldino – Es absolutamente incurable, lamentablemente. Y como el pronóstico no es mortal, la medicina no toma esta enfermedad muy en serio, como pueden imaginar.

Edmundo – Por todos los cielos...

Truffaldino – El problema es que algunos abusan de ello.

Edmundo – ¿De qué, amigo mío?

Truffaldino – ¡De mi esposa! Al principio, solo eran orquestas de cámara.

Victoria – ¿Orquestas?

Truffaldino – Mi esposa empezó engañándome con un cuarteto de cuerdas, luego un quinteto y un sexteto. Ahora podría ser la Filarmónica de Viena o la Gran Orquesta de la Guardia Nacional...

Edmundo – Por todos los dioses...

Truffaldino – Me dejó ayer para salir de gira con los Coros del Ejército Rojo.

Victoria – Los Coros del... Ah sí, desde luego...

Truffaldino – Lo que significa que yo también estoy ahora afectado por una fobia.

Victoria – Una fobia... Y ¿cuál, querido amigo?

Truffaldino – Tan pronto como veo a un músico o escucho música clásica, me dan ganas de matar.

Gonzalo – ¿De verdad?

Truffaldino – Tengo un odio particular hacia los contrabajistas. Cuando veo a uno con su instrumento entre las piernas tocando las cuerdas con su arco, siento despertar la bestia que duerme en mí.

Gonzalo – Joder...

Sus padres le echan una mirada de sorpresa al oír esta palabra grosera.

Truffaldino – Pero odio especialmente a los pianistas, no sé por qué. Especialmente cuando tocan un piano de cola. Me dan ganas repentinas de cortarles...

Victoria – ¿La cola?

Truffaldino – ¡La cabeza!

Victoria – Ah, sí, por supuesto.

Truffaldino – Siempre tengo una motosierra en el maletero.

Edmundo – Bueno...

Victoria – Bien...

Edmundo – Encantado de haberlo conocido, querido señor.

Victoria – Vamos a dar un paseo por la piscina, creo que es donde está el bufé, y no hemos comido nada en tres días.

Truffaldino – Los alcanzaré en un momento. De todos modos, gracias por escucharme, me hizo mucho bien. Pero todavía tengo que tomar mis medicamentos...

Victoria – Muy bien, nos vemos más tarde, entonces...

Edmundo – En fin, creo que esta noche debería ser bastante animada.

Edmundo, Victoria y Gonzalo salen. Truffaldino saca de su bolsillo una caja de pastillas, pero tiembla tanto que la caja se le escapa de las manos y termina detrás de un arbusto. Pasa detrás del arbusto para recuperarla. Juan y María regresan, sin ver a Truffaldino.

María – Entonces, ¿lograste contactar al verdadero Truffaldino?

Juan – Sí, y lo invité a unirse a nosotros. Fue un poco apresurado, pero no pareció ofenderse. Estará aquí en un momento.

María – Bueno, entonces todo se arregla.

Juan – Sí, la noche está bien encaminada, ¿verdad?

María – Solo falta librarnos del otro lastre.

Juan – ¿Quién?

María – ¡El contador!

Truffaldino se acerca a ellos.

Truffaldino – Ah, señor y señora Trompeta...

Los Trompeta dan un respingo.

María – Nos asustaste...

Truffaldino – ¿Les dije que mi esposa sufría de una horrible enfermedad?

Juan – Escucha, viejo, puedes ver que este no es el momento. Tu esposa te dejó, bien. ¡Mira el lado positivo!

María – ¡Ahora estás soltero! ¡Intenta distraerte un poco!

Juan – ¡Aprovecha la piscina!

Truffaldino – No sé nadar.

María – Oh, qué carga...

Samantha llega.

María – Ah, justo a tiempo. ¿Quieres mostrarle el bufé al señor? (*En privado a Samantha*) Si pudieras empujarlo a la piscina de paso para que se ahogue, duplico tu paga de bolsillo este mes...

Samantha – Veré lo que puedo hacer.

Truffaldino (*a Samantha*) – Buenas noches, señorita. ¿Le dije que mi esposa me estaba engañando con los Coros del Ejército Rojo?

Samantha – Pues no... Cuénteme eso...

Samantha sale con Truffaldino.

María – ¿Y el virtuoso?

Juan – Todavía no está aquí. No sé qué está haciendo...

María – Él exigió viajar en primera. Espero al menos que no haya perdido su tren de alta velocidad.

Fatima regresa con Federico Bandoleón.

Juan – Ah, justo, aquí está...

María – Se ve más gordo que en la foto, ¿no?

Juan – ¡Señor Bandoleón! Solo estábamos esperando por usted para que la fiesta comience...

Bandoleón – Buenas noches, señor Trompeta. Señora, mis respetos. (*Le besa la mano.*) Lamento llegar un poco tarde.

María – Espero que al menos haya tenido un buen viaje.

Bandoleón – Muy bueno, gracias. Aunque literalmente he estado siendo acosado por una admiradora últimamente.

María – Lo que es la celebridad...

Bandoleón – Me persiguió hasta la Estación de Atocha. Amenazaba con arrojarse a las vías de mi tren si no aceptaba ceder nuevamente a sus avances...

Juan – ¿Nuevamente...?

Bandoleón – No debería decíroslo, pero casi toda la orquesta ya le ha pasado por encima.

Juan – ¡Vaya, vaya!

Bandoleón – Comenzó con los metales, luego las cuerdas y luego la percusión...

María – Pensé que solo en los conciertos de rock las mujeres lanzaban sus tangas a los músicos. ¿También pasa esto en la ópera?

Bandoleón – Me persiguió hasta los baños del AVE. Quería que la tomara salvajemente contra el secador de manos eléctrico. Pero yo soy pianista, no contorsionista.

Juan – ¿No...?

Bandoleón – Fueron necesarios tres revisores para hacerla bajar en la plataforma... En fin, logramos partir, pero el tren se retrasó un poco, evidentemente. De ahí este pequeño contratiempo del que les pido disculpas.

María – Lo importante es que está aquí.

Bandoleón – Sí... Bueno...

Juan – Pero ¿no trajo su instrumento?

Bandoleón – ¿Cómo quiere que transporte un piano de cola en un tren?

Juan – Ah, sí, claro...

Bandoleón – ¿No tienen un piano? Eso resolverá definitivamente el problema, porque justamente...

Juan – Estaba bromeando... ¡Por supuesto que tenemos un piano! (*A María*) Tendremos que encontrarle un piano... No había pensado en eso en absoluto...

María – Ah, yo tampoco.

Juan – Bandoleón... Su nombre me confundió...

Bandoleón – De todos modos, lamento mucho decir que... no podré quedarme mucho tiempo.

Roger – ¿Cómo es eso?

Bandoleón – Le prometí a la señora Stravinsky, que es una vieja amiga mía...

María – Pensé que era la señora Kowalski.

Bandoleón – Kowalski, eso es... Stravinsky es mi dentista... En fin, lo había olvidado por completo... Le prometí tocar en su casa esta noche y...

Juan – ¿Esta noche? Pero eso no puede ser...

María – ¿Cuánto?

Bandoleón – Bueno, es que...

Se inclina para susurrarle el número a Juan.

Juan – Le ofrezco el doble.

Bandoleón – No estoy seguro de...

Juan – El triple.

Bandoleón – Voy a llamar a la señora Polanski de inmediato para cancelar.

Saca su teléfono móvil y marca un número.

Bandoleón – ¡Sí! ¿Señora Kawasaki?

Sale.

María – El triple de qué, exactamente?

Juan le susurra algo al oído.

María – Ah, sí, vaya...

Fatima llega.

Fatima – Señor Truffaldino, el segundo de su nombre, ha llegado.

Juan – Bueno, ¡introdúzcalo, introdúzcalo!

Fatima – ¿Que lo introduzca?

Juan – ¡Hazlo entrar!

Fatima sale.

María – ¡Truffaldino, estamos salvados! La velada finalmente puede comenzar...

El segundo Truffaldino, que en realidad se llama César, llega, con un aire de artista, seguido de su amiga Rosalía, de estilo etéreo.

César – Querido Trompeta, ¿me reconoce?

Juan – No.

César – Yo tampoco. Concluyo que nos vemos por primera vez.

Juan – ¿Pero cómo debería llamarle para no confundirlo con el otro?

César – ¿El otro?

María – El otro Truffaldino.

César – Puede llamarme César.

Juan – ¿Por qué le llamaría César?

César – Porque me llamo César.

Juan – ¿Se llama César? Pero es un pintor, ¿verdad?

César – Sí, claro.

María – Nos asustó.

Juan – César... Debo haber confundido... César, Truffaldino... Se parece un poco, ¿verdad...?

César – Les presento a Rosalía, la autora de la obra de teatro que estamos representando actualmente.

Juan – Ah, encantado de conocerla.

Rosalía – Señor Trompeta, muy honrada. Adoro lo que hace.

Juan – Hago salchichas.

Rosalía – Sí, eso es lo que decía. Señor Trompeta, su reputación con las salchichas le precede. Espero que nos honre probando algunas esta noche...

Juan – Bueno, si insisten, siempre podemos improvisar una barbacoa.

Rosalía – Apuesto a que también aprecian una buena sangría.

María – Bueno, no lo teníamos previsto, pero...

Rosalía – Oh, pero la sangría no se improvisa. Es como las fosas sépticas o las cenas de sociedad. Para que la mezcla revele todo su aroma, los ingredientes deben macerar durante un buen rato en su jugo.

Juan – Veré lo que puedo hacer por la sangría.

Rosalía – Sí, de lo contrario, estaríamos muy decepcionados.

César – Claro que no estamos aquí esta noche para escuchar a este divo.

Juan – ¿Este divo...?

César – ¡Bandoleón!

Rosalía – Una diva, un divo...

María – Ah, sí, por supuesto...

Rosalía (*a César*) – Son realmente muy tontos.

María (*a Juan*) – Admite que son divertidos, ¿no?

Juan – Más que el contador, en cualquier caso...

María – Más divertidos que ellos no se puede, eso es exactamente lo que me dijo Don Periñón sobre ustedes...

Rosalía – ¿Conocieron personalmente a Dom Pérignon?

Juan – Sí, tuve ese privilegio. Alguien muy divertido, ¿no cree?

Rosalía – Pues...

María – Estamos hablando del que hizo pintar el techo de la Capilla Sixtina en el fondo de su piscina, ¿verdad?

César – Ah... Este Don Periñón...

Rosalía – Siento que nos vamos a aburrir rápidamente aquí.

César – Señor Trompeta, como pintor, permítame decirle que tiene un rostro muy expresivo.

Juan – Gracias...

César – En cuanto a usted, señora Trompeta, su silueta refleja una nobleza natural que contradice categóricamente el aspecto ridículo de su apellido.

María – Gracias.

César – ¿Les gustaría que les hiciera un retrato a ustedes y a su familia?

María – ¿Nuestra familia?

Rosalía – Un retrato de la familia Clarinete.

Juan – Es Trompeta.

César – Podrían colgarlo en la gran escalera de su castillo junto a los de sus antepasados.

Juan – No estoy seguro de... ¿Es caro?

César – Sería una obra única.

Fatima vuelve.

Fatima – El señor y la señora Badmington están aquí. Como me dijeron que los presentara.

César – El querido Badmington. ¿Saben que fue embajador de Panamá en el Vaticano?

María – Es precisamente por eso que lo invitamos.

El señor y la señora Badmington llegan. Él vestido todo de blanco con un sombrero de ala ancha. Ella con estilo latino.

María – Sean bienvenidos a nuestra humilde morada en ruinas.

Gregory – Gracias. ¿Es un castillo de época, verdad?

Juan – Exacto.

Gregory – ¿Pero de qué época exactamente...?

Juan – Ahí me pilla. En cualquier caso, el Generalísimo durmió en mi cama.

Conchita – Espero que no con su esposa...

María – Señora Badmington, supongo.

Conchita – Hola. Pero llámame Conchita, por favor.

Juan – Qué idea tan rara... ¿Por qué la llamaría Conchita?

Conchita – Conchita, ¡porque es mi nombre! Conchita de Borbón Badmington. Señor Trompeta, descendemos en línea directa de Luis XIV.

Rosalía – A través de las criadas, supongo...

Juan – ¿Luis XIV? ¿Quiere decir el Rey Sol? ¿Te das cuenta, María?

María – Ah, sí, vaya...

Conchita – El Rey de España es primo lejano de mi padre.

María – Ya veo... Y usted, señor Badmington, ¿imagino que sus antepasados inventaron ese noble juego?

Gregory – ¿Qué juego?

María – El juego de raqueta.

Juan (*en voz baja a María*) – Te dije que eran gente muy decente...

Conchita – Pero cuéntame, señor Trompeta, ¿tienen al menos un fantasma en su castillo?

María – Todavía no, señora Badmington...

Juan – Al menos que sepamos...

Conchita – Qué lástima. Un castillo embrujado... eso le daría más encanto a esta ruina.

María – Un fantasma... No sé... tendría que ocurrir un crimen horrible.

Conchita – Nunca se sabe, tal vez sea esta noche.

Gregory – En cualquier caso, si alguna vez venden su castillo, avísenme.

María – ¿Desea establecerse permanentemente en la región?

Gregory – No, es para embalar todas estas viejas piedras, llevarlas en barco a Panamá y reconstruir su castillo clasificado en el parque de nuestro rancho en la Ciudad de Panamá.

Juan ríe fuerte.

Juan – Muy gracioso.

Pero al parecer, los Badmington no están bromeando.

Gregory – En todo caso, gracias por esta invitación. Estamos ansiosos por escuchar al Maestro Bandoleón.

Conchita – Pero no nos han contado nada del programa...

María – ¿El programa? Bueno, vamos a empezar por tomar el aperitivo...

Gregory – ¡El programa del concierto! ¡El Maestro! ¿Qué nos va a cantar?

María – Ah... Bueno... Creo que es una sorpresa.

Juan – Pero dado el monto de su caché, supongo que interpretará los grandes éxitos de la ópera.

Samantha llega.

María – Y aquí está nuestra hija Samantha.

Gregory – Buenas noches, señorita Trompeta.

Juan – Ella los llevará a sus lugares para el concierto, alrededor de la piscina.

Samantha – Las propinas están permitidas...

María – Hemos montado el escenario en la plataforma del trampolín de cinco metros. Así todos podrán ver bien.

Conchita – En ese caso... al Maestro no le queda más que lanzarse al agua.

Juan – Samantha, ¿has visto al virtuoso?

Samantha – No...

María – Aunque es bastante corpulento.

Samantha – Por aquí, señor, señora... ¿Desean adquirir el programa?

Samantha sale con Gregory y Conchita.

Juan – ¿Pero qué hace Bandoleón?

Rosalía – Ya nos estamos aburriendo.

Juan – Les recuerdo que ustedes son los que se supone que nos deben entretener.

María – Voy a ir a ver...

César – Ya saben, los Badmington son gente muy influyente.

Juan – ¿Creen que podrían patrocinar nuestra candidatura al Club Filantrópico de Castelardón?

César – Seguramente. Incluso se dice que los Badmington una vez jugaron al tenis con el presidente de Costa Rica.

Juan – ¿De verdad?

César – El padre de Conchita conocía bien al Caudillo. Y un día, me enseñó una foto autografiada de Mussolini que le dejó su abuelo.

Juan – Es fantástico.

María vuelve acompañada de Madame Renata Kowalski.

María – La Señora Kowalski nos hace el honor de una pequeña visita de cortesía...

Juan – Señora Kowalski, ¡qué sorpresa!

Renata – Muy buenas noches... Pero por favor, llámenme Renata.

María (*en voz baja a Juan*) – ¿Qué buen viento la trae, Renata?

Renata (*entre dientes*) – Un viento malo, zorra...

María – ¿Perdón?

Renata – No, decía... Solo pasaba para saludarlos. Somos vecinos, después de todo. De un castillo a otro, podemos prestarnos pequeños servicios, ¿no?

María – ¡Por supuesto!

Juan – Pero por favor, quédese un rato con nosotros. Hemos invitado al Señor Bandoleón para que toque algunos grandes arias. Usted lo conoce, creo...

Renata – Sí, por supuesto... De hecho, no entiendo. Se suponía que debía tocar en mi casa esta noche...

María – ¿No? Ah, eso es sorprendente. Debe ser un pequeño malentendido...

Renata agarra de repente a María por el cuello.

Renata – ¡Zorra! Te auguro un futuro oscuro si no me devuelves a Bandoleón de inmediato. Y te advierto – estoy dispuesta a matar para obtener el lugar que acaba de quedar vacante en el Club Filantrópico de Castelardón...

María – Vamos, la violencia nunca resolvió nada... Probablemente encontremos una solución.

Renata suelta a María, recupera la compostura y vuelve a un tono más suave.

Renata – Mientras tanto, si me lo permiten, tengo unas palabras que decirle al Señor Bandoleón...

María – Pero por supuesto... El concierto comenzará pronto. Adelante, está por aquí.

Juan, María y Renata salen.

Rosalía – Entre los ricos antiguos y los nuevos, no sé cuál prefiero.

César – Al menos los nuevos ricos tienen dinero. De lo contrario, Trompeta nunca podría habernos ofrecido un recital de Federico Bandoleón... Hay que reconocer que al escoger este divo al pináculo de su arte, tuvieron olfato...

Rosalía – Bueno, los cerdos truferos también tienen olfato, pero ¿a dónde iríamos si les dejáramos comer las trufas? (*Suspira*) Al pináculo de su arte...

César – En cualquier caso, por ahora está en la cima del trampolín.

Salen. Juan y María regresan.

Juan – Listo, pedí que nos entregaran un piano.

María – ¿Cómo lo hiciste?

Juan – Piano Presto. Lo encontré en internet. Los dos repartidores deberían estar aquí en cualquier momento. Es increíble, ahora puedes que te entreguen un piano como si pidieras una pizza.

María – Perfecto. Pero, ¿dónde está ese virtuoso?

Se escucha el ruido de una motosierra.

María – ¿Qué es ese ruido?

Juan – ¡Fatima!

Fatima llega.

Fatima – Señor.

Juan – Dile al jardinero que no es el momento de cortar los árboles del parque con la motosierra o podar los setos. El concierto va a comenzar.

Fatima – Entendido, señor, voy a ver...

María – No sabía que teníamos un jardinero.

Juan – Yo tampoco, eso es lo que me preocupa...

Samantha regresa.

María – Entonces, querida, ¿todo está bien?

Samantha – Sí, gracias.

María – Quería decir... con Gonzalo. ¿Qué te parece?

Samantha – Que quede claro entre nosotros, mamá. No tengo nada en contra de los matrimonios concertados, pero nunca aceptaré un matrimonio forzado con un tipo que lleva mocasines con borlas.

Juan – En fin, querida, ¡es un Altibajos de la Plata! ¡Sus padres son miembros del Club!

Fatima regresa.

Fatima – Encontramos a Bandoleón.

Juan – ¡Ah, menos mal! ¿Y dónde está?

Fatima – ¡En la piscina!

María – ¿Se lanzó a la piscina?

Juan – ¿Desde el trampolín de cinco metros?

María – ¡El concierto debe comenzar en un instante! ¡No es momento para un chapuzón!

Fatima – Lamentablemente, Bandoleón ha dado su último suspiro, señora.

Juan – ¿Cómo que su último aliento? ¿Quieres decir que está muerto?

Rosalía pasa como un zombi.

Rosalía – Seguramente murió de aburrimiento.

Fatima – Está en la piscina, con el cuerpo a un lado y la cabeza al otro. El agua está roja de sangre. Parece una sangría gigante...

María – ¡Oh Dios mío, no! ¡Habíamos dicho que no habría sangría!

Juan – Vamos a verlo de cerca... Tal vez aún hay tiempo de juntar las partes...

Fatima, Juan y María salen. Truffaldino, con una motosierra en la mano, y Renata, el vestido manchado de sangre, regresan.

Truffaldino – Me temo que me dejé llevar un poco.

Renata – ¿Un poco? ¡Le cortaste la cabeza!

Truffaldino – Usted también lo sostenía por los pies...

Renata – ¡Solo quería obligarlo a cumplir su contrato!

Truffaldino – ¿Usted también se acostaba con él?

Renata – ¡Debía dar un concierto en mi casa! Ahora, será mucho más difícil, por supuesto.

Truffaldino – Fue usted quien me pidió que la ayudara...

Renata – ¡A atraparlo, sí! ¡No pensé que quisiera cortarlo en dos! ¿Por qué hizo eso?

Truffaldino – Lo reconocí de inmediato. Es el amante de mi esposa. Bueno, él y la mitad de la Orquesta de la Ópera.

Renata – ¿Bandoleón, está seguro?

Truffaldino – Si no es él, entonces es su hermano. Un buen músico es un músico muerto, créame.

Renata – Muy bien... ¿Y ahora qué hacemos?

Truffaldino – ¿Podríamos aprovechar el bufé? Un vaso de vino nos calmará los nervios. No sé si se lleva bien con mis medicamentos, pero bueno...

Renata – Después de todo... Tiene razón. Dadas las circunstancias.

Truffaldino – Actuemos como si nada hubiera pasado.

Renata – ¿Como si nada hubiera pasado? Esto sucedió en el trampolín de cinco metros, todas esas personas reunidas para el concierto nos vieron.

Truffaldino – Diremos que fue un accidente.

Renata (*señalando la motosierra*) – De todos modos, sería mejor que vaya a guardar esto antes de ir al bufé.

Truffaldino – Tiene razón... La guardaré en el maletero... Todavía puede ser útil...

Salen. Los Badmington regresan.

Gregory – Entonces, ¿qué opinas del charcutero y su morcilla?

Conchita – ¿El Señor y la Señora Trompeta?

Gregory – Un poco... grasientos, ¿no?

Conchita – En todo caso, tienen un castillo muy bonito...

Gregory – Sí. Lo vería bien en el parque de nuestro rancho en la Ciudad de Panamá. ¿Qué piensas?

Conchita – No sabíamos qué regalarnos para nuestro aniversario de bodas. ¡Nos recordará Europa.

Gregory – El castillo ya está en ruinas, será más fácil desmontarlo. ¿Crees que aceptarían vendérnoslo?

Conchita – Si aceptamos patrocinarlos para el Club Filantrópico de Castelardón, los pondría de buen humor.

Gregory – ¿Te hablaron de eso?

Conchita – ¡Estarían dispuestos a vender a su hija para formar parte del Club!

Gregory – Pero no podemos aceptar a esa gente entre nosotros.

Conchita – ¿Te imaginas? Juan Trompeta, fabricante de salchichas, miembro del Club Filantrópico de Castelardón.

Gregory – Si al menos vendiera muchas...

Conchita – Tienes razón. Pasados los 100 millones de facturación, la salchicha o la hamburguesa se convierten en productos nobles.

Gregory – Es un hecho que hoy en día, los apellidos Herta o McDonald's prácticamente se han convertido en títulos de nobleza.

Conchita – Pero de todos modos... Trompeta...

Gregory – No forman parte de nuestro mundo, está claro. ¿Viste cómo están vestidos?

Conchita – Estoy de acuerdo contigo...

Gregory – Esta gente es vulgar...

Conchita – Pero entonces, ¿qué hacemos con el castillo? Para trasladar este monumento histórico a Panamá, al menos tendríamos que obtener la autorización del alcalde.

Gregory – ¿El alcalde también es miembro del Club, verdad?

Conchita – ¡Es incluso el presidente de honor!

Gregory – Entre miembros benefactores, podemos hacernos pequeños favores.

Conchita – ¿Y si le pedimos al alcalde que clasifique esta ruina como vivienda insalubre?

Gregory – Expropiamos a los Trompeta y luego compramos el castillo a la municipalidad a un precio de amigos.

Conchita – El lugar de estos nuevos ricos no está en un castillo de época, está claro. Entonces, ¿qué hacemos, Gregory?

Gregory – ¿Y si nos vamos sin decir nada, Conchita?

Conchita – Después de todo, no es una cena, es solo un aperitivo. Te sigo...

Pero María vuelve, bastante alterada, cruzándose en su camino.

Conchita – ¿Todo está bien, Señora Trompeta?

María – Sí, sí, todo bien. Por cierto, si quieren disfrutar de la piscina. Eh, no, perdón, acabamos de poner el robot, había algunas hojas muertas...

Gregory – ¿En esta temporada?

María – Pero por favor, vayan a nuestra habitación.

Conchita – ¿Perdón...?

María – ¡Felipe IV durmió en ella! Si quieren verla...

Gregory – ¿Felipe IV, en serio? Lo ignoraba. Es de hecho mi ancestro directo...

María – O tal vez Franco, ya no recuerdo.

Conchita – ¿Qué tal si vamos a verlo, Gregory?

Gregory – Te sigo, Conchita.

Los Badmington salen. Juan vuelve.

María – ¿Qué hacemos con Bandoleón? No podemos dejarlo así. Después de zambullirse en la piscina, olvidando el resto del cuerpo en el trampolín...

Juan – Recogí la cabeza con la red y la puse en nuestra habitación temporalmente.

María – ¿En nuestra habitación?

Juan – ¡El castillo está lleno de gente! En principio, es el último lugar donde la gente mirará...

María – Es cierto...

Samantha regresa.

Samantha – Bueno... Pensé que esta noche sería aburrida a morir... Al final, parece un remake de una película de terror de serie B....

Juan – Una película de terror... Tampoco hay que exagerar... Puede que sea solo un accidente... Son cosas que suceden...

Samantha – ¿Cómo se puede morir accidentalmente decapitado por una motosierra?

María – ¿Un asesinato, crees? ¿Pero quién? ¿Y por qué?

Samantha – Alguien dispuesto a todo para escapar de un concierto de música clásica, quizás...

María – Oh Dios mío, es cierto... ¡El concierto! Ya no teníamos un piano de cola, ahora tenemos a un pianista sin cabeza...

Juan – No te preocupes, cariño. Después de todo, hay cosas más importantes en la vida, ¿no?

Samantha – Os recuerdo que acabamos de encontrar un muerto. Sería conveniente llamar a la policía...

Juan – ¿A la policía? ¿En serio crees?

María – Podría arruinar el ambiente.

Samantha – Y una cabeza sin cuerpo flotando en medio de la piscina, ¿no crees que también podría arruinar el ambiente?

Juan – Y tú, ¿no podrías hacer algo?

Samantha – Pegar una cabeza es muy delicado. Si supiera hacerlo, ya os habría encontrado un donante para un trasplante de cerebro.

Juan – OK, llamaré a la policía.

Juan sale. Entra José con sotana.

José – La puerta estaba abierta, me permití entrar...

María – Ah, hola...

Samantha – Para los últimos sacramentos, llega usted tarde, Padre...

José – ¿Alguien ha muerto, hermana mía?

María – Eh... sí, pero tranquilícese. Puede que solo sea temporal...

José – ¿Temporal?

Samantha – Un pequeño accidente doméstico, nada grave. Lo importante es mantener la cabeza sobre los hombros, ¿verdad?

José – En cualquier caso, si alguien necesita la ayuda de la religión, estoy aquí.

María – Gracias, Padre, pero ya hemos llamado a la Policía.

José – Señorita Trompeta, supongo.

María – Samantha, aquí está el Padre José.

José ojea a Samantha con una mirada lasciva.

José – No creo haberla visto en confesión...

Juan regresa.

Juan (*a María*) – ¿Qué hace aquí este tipo?

María – Lo invité para darle a esta noche un toque de respetabilidad... Padre, les presento a mi esposo, Juan.

José – Buen día, hijo mío.

Samantha (*a María*) – Si a papá le dice hijo... es que sería mi abuelo.

César y Rosalía llegan, bastante ebrios.

María – Y aquí están nuestros amigos César y Rosalía. Verán, son muy divertidos. Al menos, por eso los invitamos...

Rosalía – Buenos días, Padre. Entonces, ¿no fue demasiado extenuante la detención?

José – Dios mío, cuando uno tiene su conciencia a favor...

María – Ah, pero ustedes se conocen.

Rosalía – El Padre José es amigo del teatro contemporáneo.

César – ¡Y del arte moderno!

José – Hay que vivir con su tiempo. Y reconozcamos que la religión no siempre ha sabido adaptarse lo suficientemente rápido a las nuevas ideas.

César – Tienes razón, Padre. La religión es como la monarquía, esas viejas cosas reconfortan, pero tarde o temprano hay que admitir que no sirven para nada.

Rosalía – Si los Franceses hubieran guillotinado al papa junto con Luis XVI, al menos el problema del catolicismo estaría resuelto desde hace tiempo.

María – Es gracioso...

José – ¿Usted está segura que era una broma?

César – Cuando ha bebido un poco, está convencida de que si guillotináramos a la mitad del planeta, la otra mitad se arreglaría mejor.

José – Ah, sí...

César – Estaría bastante de acuerdo con ella en principio, pero a veces divergimos en la elección de la mitad a guillotinar...

Gonzalo llega.

Rosalía – Comencemos cortando a todos los que llevan camisas Lacoste.

César y Rosalía salen.

Gonzalo – Buenos días, Señor Alcalde.

Samantha – ¿Señor Alcalde?

José – Perdónenme, Señor y Señora Trompeta, falto a todos mis deberes. Permítanme presentarme – José Molino Delacruz. Soy a la vez el cura y el alcalde de este pequeña ciudad.

Gonzalo – Una forma ingeniosa de resolver el problema de la separación entre la Iglesia y el Estado...

Samantha – Y así, el cura puede confesar al alcalde por sus turbiedades sin riesgo de que el confesionario esté intervenido por jueces de izquierda.

Gonzalo – El Señor Cura-Alcalde también es el Presidente de Honor del Club Filantrópico de Castelardón.

José – A sus órdenes.

Gonzalo – Por cierto, Señor Alcalde, ¿tiene algún candidato para el Club? Sabrá que hay una vacante después de la muerte del marqués de Karlsberg Kronenbourg.

José – ¿Cómo no lo sabría? Yo mismo le administré los últimos sacramentos.

María le da un codazo a Juan.

Juan – Señor Cura, quiero decir, Señor Alcalde, mi esposa y yo estaríamos muy honrados si...

Llegan los policías Ramírez y Sánchez (hombres o mujeres). Gonzalo sale.

Juan – Ah, aquí están los repartidores... Caballeros, no sé si será necesario descargar el piano del camión, el pianista...

María – El pianista perdió la cabeza.

Ramírez – ¿El piano..? Comisario Ramírez, y este es mi ayudante Sánchez.

Juan – Perdón, Comisario, los había tomado por repartidores...

María – Estamos dando un recital de piano esta noche, y mi esposo olvidó el piano.

Juan – Pero por supuesto, sean bienvenidos. Y si pudieran llevar a cabo su investigación discretamente para no perturbar demasiado a nuestros invitados.

María – Son personas de cierto nivel, ¿comprenden? Vinieron por un concierto, no por un interrogatorio...

Juan – No queremos arruinarles la noche, ¿ven?

Sánchez – Ahora, si el pianista está muerto, se darán cuenta tarde o temprano de que no hay concierto, ¿no?

Juan – Sí, al mismo tiempo, no es falso...

María – Por si acaso, Comisario, ¿no toca el piano, verdad?

Ramírez – Lo siento, pero no. Toco un poco el amónica en mis ratos libres.

María – Voy a llamar a los repartidores para cancelar el piano.

Ramírez – Entonces, Señor Trompeta, ¿me podría explicar exactamente qué está sucediendo aquí?

Juan – Le contaré todo, Comisario Ramírez.

Ramírez – De acuerdo. Pero antes que nada, dígame, Trompeta.

Juan – Sí, Comisario.

Ramírez – Trompeta... Debe haberlo pasado mal de niño con un nombre así.

Juan – Ah, Comisario, si supiera... Y ni les hablo de mi esposa.

Sánchez – ¿Su esposa?

Juan – Señora Trompeta...

Ramírez – Debió amarlo mucho para aceptar convertirse en la señora Trompeta. ¿Cuál era su nombre de soltera?

María – Señorita Tambor.

Ramírez – Ya veo... Estaban destinados a encontrarse, entonces... Sin tambor ni trompeta...

Los Badmington regresan alarmados.

Gregory – ¡Dios mío, acabamos de ver el fantasma de María Antonieta!

Ramírez – ¿María Antonieta?

Conchita – ¡Le aseguro! Sostenía la cabeza de Luis XVI entre sus manos.

Gregory – Como nos dijeron que unos reyes durmieron en su habitación, los reconocimos de inmediato.

Conchita – ¡En la habitación!

Juan – Ah no, es solo que...

Sánchez – ¿María Antonieta? ¿Quién es esa ahora?

Ramírez – Mira, Trompeta, esto es una verdadera carnicería en su casa...

Juan – Por la cabeza, me declaro culpable, Comisario... Yo la puse en la mesa en la habitación, para no asustar a nuestros invitados.

María – Una cabeza sangrienta flotando en la piscina, comprenderá que...

Juan – Pero en lo que respecta a María Antonieta, le aseguro que no sé nada...

Ramírez – Vamos a verlo más de cerca, Sánchez...

Salen. Edmundo y Victoria regresan.

Victoria – Al final, no nos aburrimos en casa de los Trompeta.

Edmundo – Y pensar que apenas estamos en el aperitivo.

Gonzalo llega.

Gonzalo – Empiezo a tener hambre, ¿ustedes no?

Edmundo – Desafortunadamente, tendremos que esperar. Por ahora, no podemos acceder al bufé.

Gonzalo – ¿Y por qué eso?

Victoria – ¡Porque es parte de la escena del crimen! ¿No has visto las cintas amarillas que acaban de desplegar?

Edmundo – Qué suerte la nuestra...

Victoria – ¿Hablaste con Trompeta sobre tu proyecto de molino de viento?

Edmundo – Todavía no he tenido la oportunidad, de hecho. Y con lo que acaba de pasar, no será fácil encontrar una transición hábil...

Gonzalo – ¿Tú crees?

Victoria – Y tú, ¿cómo va con la pequeña Trompeta?

Gonzalo – Desafortunadamente, temo que no soy de su tipo.

Victoria – ¿No eres su tipo? ¿Un Altibajos de la Plata? ¡No le falta descaro!

Edmundo – ¿Y cuál es su tipo, entonces?

Gonzalo – ¿Quién sabe... quizás el tipo femenino?

Victoria – ¿En serio?

Edmundo – Como ves... No es necesario tener un apellido con partícula para pertenecer a una familia de degenerados...

Están a punto de salir.

Victoria – Edmundo, creo que sería hora de encontrar otras formas de subsistencia que las cenas de Castelardón...

Gonzalo – Por cierto, olvidé decirles, la Señora Kowalski nos invita a un aperitivo musical.

Edmundo – Otro aperitivo... Todo muy bonito, pero ¿cuándo vamos a comer?

Salen. Juan y María regresan.

María – Es una catástrofe.

Juan – Ahora, evidentemente, será mucho más difícil encontrar un padrino para el Club Filantrópico de Castelardón.

María – ¡Y encontrar el marido ideal para nuestra hija!

Samantha vuelve.

María – Entonces, querida, ¿qué opinas de Gonzalo?

Samantha – ¡Pero estáis locos! Acabamos de encontrar un cadáver sin cabeza en nuestra piscina, ¿y vosotros preocupados por a quién darle mi mano?

Juan – Al menos dinos cómo lo ves.

Samantha – Bueno... creo que no va a ser posible.

Juan – Sin embargo, es un buen chico.

Samantha – Sí, pero... ¡Soy lesbiana, eso es todo!

María – No...

Juan – ¡Oh Dios mío, Samantha, pero esto es espantoso! ¿Y quién es el padre?

María – Dijo lesbiana, Juan... No embarazada...

Juan – ¿Lesbiana? ¿Cómo lesbiana? ¿No? Quieres decir... Pero esto es una catástrofe.

María – Claro que ahora será mucho más difícil casarla.

Juan – ¿Y conociste a alguien? Quiero decir... ¿Una mujer?

Samantha – Sí.

María – ¿Es de buena familia, al menos?

Juan – Después de todo, un yerno o una nuera. Si es baronesa.

Samantha – No es baronesa, es... ¡Es la criada!

María – Oh Dios mío, Juan, la criada...

Juan – ¿La criada? ¿La que se viste como hombre?

Ramírez y Sánchez regresan.

Juan – Comisario, nunca adivinará lo que nos ha pasado...

Ramírez – ¿Qué pasa ahora?

María – Nuestra hija es lesbiana.

Ramírez – Bueno, señor Trompeta, no creo que eso sea asunto de la policía...

Sánchez – Les recuerdo que tenemos dos muertos en nuestras manos.

María – ¿Dos? Ah sí, es cierto, lo olvidé. Luis XVI y María Antonieta...

Juan – Entonces, ¿quién es esta María Antonieta?

Sánchez – Según los documentos que encontré sobre ella, se llama más bien Rosalía.

María – ¿Rosalía? ¿La autora de teatro?

Sánchez – Ese nombre me suena, jefe.

Ramírez – Claro, es la autora de la obra que estamos representando ahora.

Sánchez – ¡Eso es!

Ramírez – Pero ¿quién podría querer asesinar a una autora de teatro? ¿Y por qué?

Sánchez – ¿Para no tener que pagar los derechos de autor, jefe?

Ramírez – Es una pista seria, de hecho, Sánchez... Tendremos que pensar en interrogar al productor y al director de esta obra.

Rosalía vuelve, con una sábana y una cabeza en la mano.

María – Cielo, el fantasma de María Antonieta, ¡con la cabeza de su marido entre las piernas! Quiero decir, entre las manos...

Rosalía mira la cabeza que tiene entre las manos.

Rosalía – Tengo la sensación de haber visto esta cabeza en algún lugar...

César llega detrás de ella.

César – Pero sí, Rosalía, es Federico Bandoleón, lo cruzamos el año pasado en una cena en casa de los Altibajos de la Plata. Comimos muy mal, por cierto...

Ramirez – Si entiendo bien, el segundo cadáver no está muerto.

César – Discúlpela, Comisario. Sin embargo, ya le he dicho que no mezcle el alcohol con la cocaína.

Ramírez – Sánchez, ponla bajo custodia.

Sánchez – ¿Que ponga a la autora de la obra bajo custodia, jefe?

Ramírez – ¡No ella! ¡La cabeza! Es una prueba.

Sánchez – Ah sí... Es incluso parte de la víctima...

César y Rosalie salen. Gregory y Conchita Badmington llegan.

Gregory – Pero, ¿qué está pasando aquí?

Ramírez – ¿Quién es este payaso, otra vez?

Juan – Gregory y Conchita Badmington, Comisario. El señor Badmington es embajador de Panamá en el Vaticano, o al revés, ya no estoy muy seguro.

María – También es el Vicepresidente del Club Filantrópico de Castelardón.

Ramírez – Bueno, vamos a interrogar a todos estos. Nadie salga de aquí sin mi autorización.

Gregory – Pero vamos... ¡Soy embajador! Puedo violar a una monja y matar a un comisario de policía, o al revés, con total impunidad. ¿Si no, para qué sirve tener un pasaporte diplomático?

Ramírez – Ata a este payaso a un radiador el tiempo que se calme un poco. Lo interrogaremos más tarde.

Gregory – No saben lo que hacen, Comisario. Me quejaré en el Ministerio de Relaciones Exteriores.

Sánchez – Muestre su pasaporte...

Gregory le entrega su pasaporte.

Sánchez – Panamá... El Vaticano... Esto huele a tráfico internacional de estupefacientes a leguas, jefe... Seguramente él le proporciona coca a la autora de la obra.

Ramírez – ¿Cómo sabes que la autora de esta obra es adicta a la cocaína, Sánchez?

Sánchez – Jefe, ¿cómo hubiera podido escribir una historia tan delirante sin estar bajo la influencia de sustancias estupefacientes como la cafeína o la cocacolaína?

Ramirez – Tienes razón, Sánchez... Y Conchita, ¿tiene permiso de residencia?

Conchita – ¡No traje mi pasaporte! No pensé que la policía me interrogaría al venir a pasar la noche en casa de los Trompeta...

María – Es una catástrofe, Juan...

Ramírez – Dices que eres la esposa del embajador y te llamas Conchita.

Conchita – ¡Sí!

Ramírez – Claro, Conchita... Métale las esposas, y ponla en la nevera, Sánchez. Otra portorriqueña que viene a trabajar ilegalmente aquí.

José llega.

José – Hijo mío, en nombre del Señor, te pido que muestres un poco más de compasión.

Ramírez – Pero a este ya lo conozco...

Sánchez – ¿Vas a misa, jefe?

Ramírez – Lo arrestamos ayer a la salida del instituto por exhibicionismo. ¿No te acuerdas, Sánchez?

Sánchez – Ah, sí, ahora que lo dices... Debe ser por el disfraz... Vestido, no lo reconocía...

Ramírez – Llévate a este pervertido y átalo al radiador con los demás.

Sánchez – Espero que el radiador sea lo suficientemente grande...

José – Pero, vamos... Informaré al Papa. Serás excomulgado...

Ramírez (*hablando de la cabeza*) – Y deshazte de esta cabeza. Me da la sensación de que me está mirando de manera extraña y me pone incómodo...

Sánchez se dispone a irse pero examina la cabeza.

Sánchez – Jefe, ¿has notado? Le falta la dentadura...

Ramírez – No estoy seguro de que el robo de la dentadura sea el móvil del crimen, pero ya veremos. Primero vamos a interrogar a la criada. Créeme, Sánchez, en una casa, siempre son los sirvientes quienes están mejor informados.

Sánchez se va con los Badmington y José, mientras Juan les hace una última propuesta.

Juan – Mientras tanto, hay una buena noticia – con la amable autorización del Comisario, el bufé está abierto... Si quieren aprovecharlo...

María – Pero esto no es una cena. Mientras no seamos miembros del Club, no nos atreveríamos, ¿verdad Juan?

Juan – Es solo un bufé. Solo hay carne fría...

Sánchez sale con los Badmington y José.

Juan – Señor Comisario, estamos en medio de un tragedia.

Ramírez – Dígame, Trompeta, ¿alguna vez has hecho teatro?

Juan – ¿Teatro? En realidad no, Comisario.

Ramírez – Eso es lo que pensé... Actúas realmente muy mal...

Sánchez vuelve con Fatima.

Ramírez – Ahí está Blancanieves.

Sánchez – Blancanieves? Pensé que se llamaba Fatima...

Ramírez – Es humor, Sanchez. Blancanieves y los tres cerditos, ¿no conoces?

Sánchez – ¿Los tres cerditos? Pensé que eran los siete enanitos..

Ramírez – Olvídalo... Bueno, a ver, Fatima. ¿Así que eres transgénero?

Fatima – ¿Qué?

Ramírez – Puedes decirnos todo, ya sabes. Tenemos una mente muy abierta en la policía hoy en día.

Sánchez – Yo mismo, antes de unirme a esta noble institución, estaba en Alcohólicos Anónimos.

Fatima – ¿Dejó de beber?

Sánchez – No, pero desde que estoy en la policía, ya no tengo que esconderme.

Ramírez – Bueno, volvamos a lo nuestro. Entonces, Fatima, ¿hace cuánto eres lesbiana?

Fatima – Pero no soy lesbiana.

Ramírez – Entonces, ¿por qué te vistes como un hombre?

Fatima – Pues... ¡porque soy uno!

Sánchez – ¿Cómo es eso? Fatima, ¿no es un nombre de mujer, acaso?

Fatima – ¡Sí! Pero no me llamo Fatima...

Ramírez – Pero tus jefes te llaman Fatima, ¿verdad?

Fatima – Nunca entendí por qué, y no me atreví a contradecirlos. Y como tengo un nombre un poco difícil de llevar, pensé que Fatima sería más fácil para que me contrataran.

Ramírez – ¿Y cómo te llamas?

Fatima – Me llamo Jesus.

Sánchez – Es verdad que Jesus, para un transgénero, no es un nombre fácil de llevar...

Fatima – ¡Pero no soy transgénero!

Sánchez – Bueno, y en lo que respecta a este pianista que encontramos cortado por la mitad en la piscina, ¿sabes algo?

Fatima – Creo que la señora Kowalski también quería que tocara esta noche en su casa.

Ramírez – Kowalski? Un nombre bastante sospechoso para un ciudadano de este país, Sanchez. También la interrogaremos... Ve a buscar al siguiente testigo.

Sánchez sale.

Ramírez – Puedes irte, señor Fatima.

Fatima – Gracias, Comisario.

Fatima se dispone a salir.

Ramírez – Ah, una última cosa... ¿Cuánto cobras por la noche?

Fatima – ¡Le estoy diciendo que no soy un travesti! Y todavía menos una prostituta...

Ramírez – ¡Solo estoy buscando una empleada de limpieza!

Fatima – ¿Por la noche?

Ramírez – Como a menudo trabajo de noche, busco a alguien que pueda pasar la aspiradora en mi casa entre las tres y las cinco de la mañana. Durante el día, duermo, ¿entiendes? Me molestaría...

Fatima – Disculpe, Comisario. Estoy un poco nervioso. Mira, aquí tiene mi tarjeta. Llámame...

Ramírez – Jesus... Un nombre extraño para una empleada de limpieza...

Fatima sale. Sanchez regresa con la baronesa.

Victoria – Les advierto, soy Baronesa, y desciendo directamente de Enrique IV por parte de mi madre.

Ramírez – Claro, y yo desciendo directamente de Madrid por el AVE. Acabo de ser transferido a la región. Sanchez, registra a la Baronesa.

Victoria – ¡Protesto!

Sánchez registra a la baronesa.

Ramirez – ¿Qué es todo esto?

Sánchez – Jefe, cucharitas de plata, un cenicero publicitario, aperitivos... ¡Incluso hay una dentadura postiza!

Ramírez – ¡La dentadura de Bandoleón!

Sánchez – Hurto y receptación de dentadura... ¿sabe cuánto puede costar eso, Señora Altibajos de la Plata?

Victoria – Lo siento... Soy cleptómana...

Sánchez – Claro. Eso es lo que nos dicen todos los ladrones de dentaduras que detenemos.

Ramírez – Y, obviamente, nos dirás que no viste nada sobre el pianista, ¿verdad?

Victoria – ¿Quiere decir sobre el performance?

Sánchez – ¿Performance?

Victoria – Sí. Esos artistas contemporáneos que hacían una intervención artística al borde de la piscina de los Trompeta.

Ramírez – ¿Qué viste exactamente?

Victoria – Bueno... Sucedió en la plataforma de cinco metros. Una mujer empujó al pianista al trampolín como si fuera la tabla de una guillotina, y un hombre le cortó la cabeza con una motosierra. No sé cómo hicieron el truco, ¡pero fue impactante de verdad!

Ramírez – ¿Y luego?

Victoria – La cabeza cayó en la piscina. El cuerpo quedó suspendido en el trampolín por los tirantes. Subía y bajaba como un títere atado a una goma elástica. Fue bastante espectacular de ver, créanme. Debo decir que los Trompeta marcan un punto. Yo que los tomaba por unos campesinos completamente ajenos al arte contemporáneo...

Ramírez – No debemos tener la misma noción de lo que es el arte moderno...

Sánchez – Jefe, entonces solo necesitamos identificar a los dos sospechosos y nuestra investigación estará terminada.

Ramírez – Desconfiemos de las apariencias, Sanchez. Tanto para el artista como para el estafador, la realidad es solo la apariencia de la realidad...

Sánchez – Eh... Sí, jefe...

El barón llega.

Edmundo – No se trata a una mujer así, Comisario. Me rendirá cuentas. (A Vi*ctoria*)¿Todo bien, cariño?

Victoria – Sí, sí... Incluso logré salvar algunos canapés...

Ramírez – En cualquier caso, esta historia parece más complicada de lo que parece. No debemos descartar un caso de espionaje, Sanchez. Bandoleón viajaba mucho con su trabajo. Sobre todo hacia el Este. Podría haber sido un espía al servicio del Papa.

Sánchez – Se dice que este Badmington juega al minigolf con su Santidad...

Ramírez y Sanchez salen.

Juan – Señor Altibajos de la Plata, cuando tenga un momento...

Edmundo – Sí, amigo mío.

Juan – ¿Podría patrocinarnos para el Club? Sabemos que acaba de quedar un lugar libre...

Edmundo – Tengo que hablarlo con el Presidente... Pero si invirtieran en mi negocio de aerogeneradores, eso facilitaría las cosas, seguro.

Juan – ¿Y por qué?

Edmundo – No me diga, Trompeta, que no le preocupa el futuro de nuestro planeta.

Juan – Sí, claro, pero...

Edmundo – Como saben, el Club Filantrópico de Castelardón tiene una sensibilidad ecológica muy marcada. En la medida de lo posible, nos atiborramos principalmente con productos orgánicos, y nuestro caviar proviene de la acuicultura equitativa.

Juan – ¿En serio?

Victoria – ¿Lleva su talonario de cheques consigo?

Salen. Ramirez y Sanchez regresan.

Ramírez – ¿Qué piensas tú, Sanchez?

Sánchez – El caso está cerrado, jefe. Este Truffaldino y esta Señora Kowalski confesaron.

Ramírez – ¿El motivo?

Sanchez – Bandoleón no podía decidirse entre los dos castillos para el concierto. Kowalski lo cortó en dos.

Ramírez – El juicio de Salomón, por así decirlo... ¿Y el cómplice?

Sánchez – Según varios testimonios coincidentes, este Truffaldino tiene un odio enfermizo hacia los virtuosos del piano de cola.

Ramírez – La música de cámara también me aburre hasta la muerte, pero de ahí a dejarse llevar por tales excesos...

Sánchez – Así es, jefe. No siempre la música amansa a las fieras. De todos modos, es un caso resuelto rápidamente.

Ramírez – No tan rápido, Sanchez. También podría tratarse de un accidente doméstico.

Sánchez – ¿Un accidente doméstico?

Ramírez – Así es como lo veo. La empleada quiere cortar la rama de un arbusto con una podadora eléctrica. Corta accidentalmente la cabeza de Bandoleón, que estaba discretamente aliviando su vejiga en el macizo de begonias. Después, la empleada encubre este desafortunado accidente como un asesinato...

Sánchez – Por lo general, es más común encubrir un asesinato como un accidente, jefe.

Ramírez – De ahí la dificultad de esta investigación, Sanchez...

Fatima regresa con Juan.

Fatima – Comisario, acaban de encontrar a la Señora Badmington en la cámara frigorífica del castillo, en estado de hipotermia avanzada.

Juan – ¿Alguien que quiso liberar un segundo lugar para el Club?

Ramírez – Tal vez usted...

Juan – ¡Comisario! Pero le aseguro que...

Sánchez – Jefe, fui yo quien la puso en la cámara frigorífica.

Ramírez – ¿Pero por qué?

Sánchez – Me mandaste ponerla en la nevera...

Ramírez – ¡Lo dije en sentido figurado, Sanchez!

Juan – ¡Comisario, es un grave incidente diplomático! ¿Así que quiere desencadenar una guerra entre nuestro país y Panamá? ¡O peor aún, con el Vaticano!

Ramírez – Al menos son dos guerras que el Ejército de nuestro país aún podría ganar a pesar de las restricciones en el presupuesto de Defensa.

Sánchez – Siento mucho, jefe.

Ramírez – Acepto pasar por alto esto por esta vez, Sanchez. Pero si quieres hacer carrera en la policía, tendrás que aprender a no interpretar todo lo que digo literalmente...

Sánchez – Sí, jefe...

Salen. José llega con Gregory.

Gregory – Este castillo es insalubre, Señor Alcalde, espero que ahora esté convencido.

José – Es evidente, Señor Embajador. La policía, de la cual acabo de retomar el control como Fiscal General de esta ciudad, acaba de encontrar carne en mal estado en la cámara frigorífica.

Gregory – Era mi esposa, Señor Cura.

José – ¿No? ¿Y además esta gente sería antropófaga? Ordenaré inmediatamente su expulsión del municipio y su excomunión de nuestra Santa Madre Iglesia.

Gregory – Vamos, querido amigo, seamos magnánimos. Esperemos al menos el final de este aperitivo musical.

José – Tiene razón. ¿No somos ambos miembros de un Club Filantrópico? Pero no se preocupe, querido amigo, podrá llevarse su castillo a Panamá, con la bendición del ayuntamiento y del Vaticano.

José se persigna.

Ramírez y Sánchez se llevan a Truffaldino y Kowalski con esposas. Vuelven Juan y María.

Ramírez – Y colorín, colorado, este cuento se acabó...

José – Bien hecho, Comisario. Puede estar seguro de que lo recordaré. Me encargaré de su ascenso...

Ramírez – Gracias, Padre.

Juan – A usted, Señor Comisario. Gracias a su intervención, nuestra pequeña velada podrá continuar con alegría y buen humor.

Ramírez – A sus órdenes. Estamos aquí para proteger a los ciudadanos honrados.

Sánchez – Señores y señoras... Pasen una buena noche.

María – Pero por favor, tómense una copa con nosotros. Somos amigos de la policía.

Ramírez – Conocen la fórmula, estimada señora. Nunca durante el servicio.

María – Hicimos una sangría gigante en la piscina. Es muy ligera...

Ramírez – Bueno, entonces solo una copa para nosotros dos. Sanchez, yo tomaré la sangría, y tú te comerás las frutas, ¿de acuerdo?

Sánchez – Está bien, jefe...

Samantha les sirve dos vasos de sangría. César y Rosalie regresan. César lleva un cuadro.

César – Aquí está su retrato de familia, Señor Trompeta.

Rosalía – El Señor y la Señora Clarinete, y su heredera.

María – Gracias, pero...

Juan – No me reconozco mucho.

César – Es arte contemporáneo, querido amigo.

María – ¿Y cuánto cuesta?

César – Vamos, Trompeta. En el arte, el dinero no es lo más importante. ¡Es una obra única!

Juan – ¿Cuánto?

César le susurra algo al oído.

Juan – Ah sí, en efecto... No sé si lo tomaremos entonces...

María – ¡En fin, Juan! Es como la foto de clase de Samantha en su escuela. Estamos obligados a tomarla...

Ramírez se acerca.

Ramírez – He bebido mucha sangría en mi vida, pero esta es realmente excelente. Me dará la receta.

María – Es un secreto, Comisario. Solo sepa que esta sangría lleva muy bien su nombre...

Ramírez – Me intriga, querida señora.

María – Por favor, pruebe también la barbacoa.

Le ofrece un plato y él prueba una brocheta.

Ramírez – ¡Excelente! Es la mejor brocheta que he probado.

Sánchez – Sí, se derrite en la boca.

Juan – En cualquier caso, creo que esta vez el concierto está arruinado.

María – Con un pianista sin cabeza y sin piano de cola.

Juan – Decir que este tipo nos costó una fortuna. En fin, de todos modos, logramos sacar algo de ello.

Ramírez – ¿Ah sí?

María – Estaba gordo como un cerdo, y sin cabeza, podemos tomarlo de hecho por un cerdo.

Juan – Después de todo, lo pagamos.

María – Lo hicimos en la barbacoa.

Ramírez – Es gracioso.

Sánchez – No estoy seguro de que estuviera bromeando, jefe.

José regresa, con un acordeón o un bandoneón.

José – No tenemos un piano de cola... ¡pero nos queda el piano acordeón!

José comienza a tocar y cantar.

María – ¡Qué clase!

Edmundo – No olviden que además de ser cura, alcalde y fiscal de este amable pueblo, también es maestro, agente inmobiliario, inspector de impuestos y médico.

María – ¡Dios mío! ¡Es el hombre orquesta, entonces!

Truffaldino hace una aparición con su motosierra.

Ramírez – Si ya no hay cadáver, entonces no hay crimen. Vamos, seamos magnánimos. ¡Liberemos a toda esta buena gente!

Sanchez – Hubo un asesinato de todos modos, jefe... ¿Y sabemos que fue el contador quien dio el golpe mortal con la motosierra?

Ramírez – No seas tan rígido, Sanchez. Aunque personalmente, creo que deberíamos poner a todos los contadores en la cárcel.

José – El Señor ya lo ha perdonado.

Ramírez – Haremos que parezca un accidente de barbacoa.

Rosalía – Lo útil que es tener amigos en la policía.

María empuja a Juan con el codo.

María – Y para nuestra membresía en el Club, Señor Alcalde, ¿podría hacer algo?

José – Escuche, querida amiga, pase a verme mañana después de mi misa en el ayuntamiento. Hablaremos de todo esto con más calma...

José se aleja.

César – Al final, esta noche ha sido un éxito.

Juan – ¿Usted forma parte del Club?

César – ¡Piensa! Los bufones no son parte del club, pero tienen derecho a alimentarse gratis en el bufé mientras se burlan de sus anfitriones.

Juan – Ah, sí.

César – Y además, comparto bastante la opinión de Marx – nunca seré parte de un club que me aceptaría como miembro.

Juan – No sabía que Karl Marx había dicho eso.

Rosalía – No Karl, amigo mío. ¡Groucho!

César y Rosalía se alejan.

Gonzalo – ¿Realmente eres homosexual?

Samantha – ¿Por qué? ¿Quieres probar suerte?

Gonzalo – Me gustaría estar seguro de que es una oportunidad primero.

Ella lo besa sorpresivamente, él se deja hacer y parece disfrutarlo. Ella suelta su abrazo.

Samantha – ¿Qué opinas?

Gonzalo – ¿Quieres ser mi esposa, Samantha?

Samantha – Te advierto, mi padre vende salchichas.

Gonzalo – Te advierto, mi padre ya no tiene más que vender. Excepto por mí...

Se besan de nuevo. Juan y María los miran. Parecen desconcertados.

Juan (*a María*) – ¿Crees que aún tenemos una oportunidad de ser admitidos en el Club?

María – ¿Vete a saber...?

José llega con la banda tricolor rodeando su sotana.

José – Ante la falta de la extrema unción, me ofrezco a celebrar este matrimonio de inmediato.

Samantha – Matrimonio civil y religioso a la vez. Es doble condena, ¡pero por lo menos será más rápido!

Fatima vuelve con una bandeja de brochetas.

Fatima – ¡La señora está servida!

María – Es solo un aperitivo...

César – Bueno... Vinimos aquí para comer, así que comamos.

Gregory – Está muy bueno, ¿qué es?

Juan – Es Bandoleón.

Gregory – Hablaba de la barbacoa.

Juan – Sí, yo también...

Fatima se va. Siguen comiendo.

José – Con todo esto, aún no tenemos un candidato serio para reemplazar al eminente miembro del Club que acaba de dejarnos...

Fatima vuelve con una maleta en la mano.

María – Pero, ¿qué haces con esa maleta, Fatima?

Juan – ¿Te vas de vacaciones a Marruecos?

María – La noche aún no ha terminado...

Fatima – Les presento mi renuncia, Señor Trompeta.

María – No me digas que finalmente aceptaste ser sobornada por esa bruja de Kowalski.

Fatima – No, señora, tranquilícese.

Juan – Bueno, entonces, ¿qué? ¿No te sientes bien con nosotros?

Fatima – Sí, pero el billete de lotería que me dio el señor es un billete ganador.

María – No me digas...

Juan – ¿Cuánto?

Fatima – 63 millones.

María – ¿63 millones de qué? ¿De dírhams?

Fatima – De euros.

José – ¿63 millones...? Pues, Señor Fatima... ¡Bienvenida al Club!

Juan – ¿Cómo?

José – A partir de 50 millones, se ingresa automáticamente como miembro de honor en el Club Filantrópico de Castelardón.

María – Pero, Señor Alcalde... Quiero decir, Señor Cura... Fatima es árabe. Y por lo tanto probablemente también musulmana...

José – No se preocupen por eso. A partir de 50 millones de patrimonio, nosotros, los ricos, somos todos hermanos. Y nos guía un espíritu muy ecuménico.

Edmundo – Sería un buen partido para ti, Gonzalo... En vez de estos vendedores de salchichas baratas.

Gonzalo – ¿El Señor Fatima..? Pero, ¿en fin, ni siquiera sabemos si es mujer o hombre?

Victoria – Nadie es perfecto...

Edmundo – Y a partir de cierto nivel de pobreza, un noble no debe ser muy exigente respecto al género de la persona que restaure su fortuna

Victoria (*a Gonzalo*) – Bueno, Gonzalo ¡adelante!

José vuelve a tocar el acordeón. Gonzalo invita a Fatima a bailar. Todos bailan por parejas. Excepto César y Rosalía.

Rosalía – Querido amigo, el mundo es una cena de idiotas.

César – Y decir que apenas estamos en el aperitivo...

Fin

Mayo de 2024